Berta Isselmann
Adolf Wunderlich

Der Herr macht Programm

ABCteam-Taschenbuch Nr. 3166

Berta Isselmann/Adolf Wunderlich

Der Herr macht Programm

BRUNNEN VERLAG · GIESSEN/BASEL

ABCteam

Bücher, die dieses Zeichen tragen, wollen die Botschaft von Jesus Christus in unserer Zeit glaubhaft bezeugen.

Das ABCteam-Programm umfaßt:

- ABCteam-Taschenbücher
- ABCteam-Paperbacks mit den Sonderreihen: Glauben und Denken (G + D) und Werkbücher (W)
- ABCteam-Jugendbücher (J)
- ABCteam-Geschenkbände

ABCteam-Bücher erscheinen in folgenden Verlagen:
Aussaat Verlag Wuppertal / R. Brockhaus Verlag Wuppertal
Brunnen Verlag Gießen / Bundes Verlag Witten
Christliches Verlagshaus Stuttgart / Oncken Verlag Wuppertal
Schriftenmissions-Verlag Gladbeck

ABCteam-Bücher kann jede Buchhandlung besorgen.

Umschlagfoto: Mittermeier/
Fotokunst-Verlag Groh, München

Satz: IBV Lichtsatz KG, Berlin
Herstellung: Ebner Ulm
ISBN 3-7655-3166-9

Der Herr macht Programm

Ich habe vorn in meinen Terminkalender geschrieben: „Gottes Termine mit mir!“ Mein Programm heißt: „Täglich meinem ‚Ich‘ zu sterben, Seelen für den Herrn zu werben!“ Diesen Vers habe ich noch dazugeschrieben. Meine Bitte zum Herrn ist: „Wenn du willst, daß ich die Dienste tun soll, die du mir aufträgst, dann schenke mir, was ich dazu nötig habe: Gesundheit, körperliche Kraft und Freude.“ Ich kann ja nicht von der Kraft des gestrigen Tages leben, auch nicht von der gestrigen Freude. Aber wenn wir unsere geheiligten und gereinigten Glaubenshände aufhalten, dann fließt der Licht-, Kraft- und Freudenstrom in uns hinein, da schenkt Gott uns viel mehr, als wir fassen können. Und vom Überfließenden leben die anderen Menschen.

Ich will Dich loben heute morgen,
heut mittag und heut abend auch;
Dich fröhlich ehren ohne Sorgen,
Du schenkst mir alles, was ich brauch'.
Ich bin ja Kind im reichsten Haus,
Dir geht Dein Vorrat niemals aus.

Daß Gott einmal nichts mehr hätte, was er uns schenken könnte, das kommt nie vor. Wenn wir auf seine Befehle hören und sie befolgen, dann geht deshalb „der Sieg weiter“. Und weil der Sieg Jesu weitergeht, darum „brennt unser Licht allezeit fröhlich“. Wenn wir dem Herrn gehorsam sind, gebietet er dem Segen, daß er mit uns sei. Das wünsche ich uns allen von ganzem Herzen.

Berta Isselmann

Taxifahrer, meine Freunde

Vor einigen Jahren erzählte mir Schwester Berta:

Weil ich so schlecht sehe, muß ich mich bei meinen Missionsreisen oft von einem Taxi fahren lassen. Bei meinem letzten Dienst ließ ich mich von sieben verschiedenen Taxifahrern zu den einzelnen Häusern bringen, wo ich predigen sollte. Mit fünf Fahrern konnte ich vor dem Aussteigen noch beten. Weißt du, Adolf, ich bete immer erst mit den Taxifahrern, und dann erst frage ich nach dem Preis. Einer warf mich, als ich mit ihm beten wollte, aus dem Auto und schimpfte: „Das fromme Zeug will ich nicht...!“ Aber einer von den anderen sagte zu mir, als ich mit ihm gebetet hatte und nach dem Preis fragte: „Liebe Frau, das war so schön. Mit einem Taxifahrer gebetet, das hat noch keiner. Sie können fahren, wohin Sie wollen, ich nehme keinen Pfennig von Ihnen.“

Weil das Beten aber auch Zeit wegnimmt, sollen die Fahrer das zum Fahrpreis hinzurechnen. Ich gebe ihnen auch immer etwas mehr, als sie verlangen. Sie sollen merken, daß wir „reiche“ Leute sind und alles für sie übrig haben. Ich schenke jedem beim Abschied noch ein Buch, und meistens freuen sie sich darüber.

Ungewollter Segen

Wenn ich in der Strafanstalt in Butzbach bin, darf ich immer über die Haussprechanlage predigen. Ich spreche eine Botschaft auf Band, die dann am Samstagabend in jeder Zelle gehört werden kann. Dabei nenne ich auch meine Adresse und freue mich, wenn ich von einem der Gefangenen eine Antwort bekomme.

Da schrieb mir ein Gefangener: „Liebe Schwester Berta! Ich drehe am Samstagabend immer den Lautsprecher ab. Da reden die Pfarrer, und ich will keinen Pfarrer hören. Aber weil ich am letzten Samstag gerade auf der Toilette war, konnte ich das Gerät nicht abstellen. Da mußte ich wohl oder übel Deine Sendung anhören. Und dann hast Du geredet, liebe Schwester Berta, so ganz anders. Ich bin in Heimen großgeworden und wurde gezwungen, in die Kirche zu gehen. Wenn wir nicht zuhörten, wurden wir bestraft. Darum hasse ich den Zwang."

Heute ist es nun so, daß dieser junge Mann zum Gottesdienst und auch in die Bibelstunde geht und seine Bibel liest. Jetzt hat er gemerkt, wie anders das Evangelium ist, als er es sich immer vorstellte.

„Wie werde ich ein Segensmensch?“

Berta Isselmann sagt dazu:

Meine lieben Gehilfen des Segens! Wie wir Segensmenschen werden, das können wir an Noah erkennen. „Aber Noah fand Gnade vor dem Herrn“, heißt es in der Bibel (1. Mose 6,8). Es war damals eine schreckliche Zeit, voller Gesetzlosigkeit und voller Gottlosigkeit; genau wie unsere Zeit heute. Aber Gott hatte Noah nicht übersehen. „Ich will die Erde verderben; aber dich und deine Familie will ich retten“, sagte Gott zu ihm. „Bau dir einen Kasten . . .!“

Gott bespricht nicht erst die Maße und die Aufteilung der Arche mit Noah. „Du sollst“, sagt er. Auf dem trockenen Lande soll Noah ein großes Schiff bauen. Und Noah ist gewohnt, dem Herrn zu gehorchen. Er tut alles, was der Herr ihm geboten hat. Und Gott belohnt den Gehorsam Noahs reich.

Auch Petrus tat, wie Jesus ihm gesagt hatte, und fuhr auf die Mitte des Sees, wo sonst keine Fische zu fangen waren. Auch sein Gehorsam wurde belohnt. Er fing 153 große Fische in seinem Netz. „Auf dein Wort hin will ich das Netz auswerfen“, hatte Petrus zuvor zum Heiland gesagt. Jesus ist der Fachmann für jedes Fach.

Nachdem Noah mit seiner Familie und den Tieren in der Arche war, schloß Gott die Tür zu. Wir müssen wissen, daß man auch an der eigenen Hauswand erfrieren kann, wenn man von *außen* dagegen lehnt. Man muß *innen* sein.

Viele Menschen werden beim Hereinbrechen der Flut geklopft und gerufen haben. Noah aber konnte nicht aufmachen, weil Gott zugeschlossen hatte. Wer dem Herrn Jesus gehört, darf wissen: Wir sind in Jesus ganz sicher geborgen. Je höher die Wellen, desto höher das Rettungsschiff. Glückselig sind wir als Gotteskinder, weil wir geborgen sind für Zeit und Ewigkeit!

Dann regnete es vierzig Tage und vierzig Nächte. Das Wasser bedeckte alles Land der Erde. Als es endlich zu regnen aufhörte, begann für Noah die schwerste Zeit. Das Wasser prasselte nicht mehr auf den Kasten. Ganz still war es nun. Was sollte Noah jetzt tun? Er war ganz auf Glauben angewiesen. In 1. Mose 8,1 lesen wir: „Gott gedachte an Noah." Aber der merkte nichts davon. Noah wurde unruhig, ließ einen Raben und dann eine Taube fliegen.

Wir sind auch oft in Lebenslagen, wo uns die Geduld schnell ausgeht. Wir haben dann viel Warte-Gnade nötig. Der Heilige Geist tröstet uns, wie einen seine Mutter tröstet. Aber der Heilige Geist tröstet mehr als tausend Mütter zusammen. – Endlich sagte Gott zu Noah: „Jetzt geh wieder aus dem Kasten hinaus." Nun feierte Noah nicht zuerst ein Familienfest, sondern er baute einen Altar. Danach segnete Gott den Noah.

Wenn auch wir so dem Herrn vertrauen, gebietet er dem Segen, daß er mit uns sei. Er wartet auf unser

Vertrauen. Das können und wollen wir von Noah lernen.

Ein gesegneter Streich

Einmal wollte mir jemand einen bösen Streich spielen. Da klingelte kurz vor Weihnachten bei mir zu Hause das Telefon. Eine Männerstimme fragte: „Könnten Sie morgen im Kinderheim in Siegen eine Kinderstunde halten?“

„Ja, das kann ich, und das will ich auch gern tun“, gab ich zur Antwort.

Ich war der Meinung, daß es in Siegen nur *ein* Kinderheim geben würde. Am nächsten Tag fuhr ich also mit einem Taxi nach Siegen. Im Kinderheim sagte man mir: „Wir haben Sie nicht bestellt. Hier können Sie nicht sprechen.“

Nun hatte mich ein Gefangener, der epileptische Anfälle bekommt, gebeten, ihm einen elektrischen Rasierapparat zu besorgen. Weil in der Nähe des Kinderheimes gerade ein Elektrogeschäft war, ging ich hinein. Man hatte dort tatsächlich einen Apparat vorrätig. Die Verpackung was etwas verblaßt und unansehnlich geworden, und ich bekam ihn zum halben Preis.

Mit einem anderen Taxi fuhr ich dann zum zweiten und zum dritten Kinderheim. Aber nirgendwo wurde ich erwartet. Im dritten Kinderheim sagte eine Frau zu mir: „Vielleicht hat jemand Ihnen einen bösen Streich gespielt.“ Und so war es auch.

Am nächsten Tag bekam ich einen weiteren Anruf: „Wie war es denn gestern im Kinderheim?“ Die wollten doch tatsächlich wissen, ob ich auf ihren Streich hereingefallen war. Ich sagte dem Anrufer: „Es war gestern ganz großartig! Ich konnte allen Taxifahrern von Jesus sagen, konnte mit ihnen beten und ihnen Bücher geben. Und ich habe bei der Reise auch einen guten Rasierapparat ganz billig bekommen für einen kranken Gefangenen. Aber wenn Sie mich noch einmal zu einem Dienst bestellen wollen, dann rufen Sie unseren Missionsinspektor Fehler von der Süd-Ost-Europa-Mission an.“

Im Schnellzug muß man schnell auf Jesus zu sprechen kommen

Unterwegs nach Kassel. Auf dem Bahnhof in Siegen entdecke ich eine Marburger Diakonisse. Ich denke: „Die kennst du vielleicht“, und gehe zu ihr hinüber. Wir begrüßen uns herzlich. Dann überlege ich: „Jetzt fährt diese Schwester mit dir bis nach Marburg, aber du willst doch Menschen von Jesus sagen. Die Schwester gehört ja schon dem Heiland, und ihre Begleiterin bringt sie sicher nur bis zum Zug.“

Deshalb steige ich als erste in den Zug und renne voraus. Gleich im ersten Abteil sitzt ein Mann in der Ecke. „Da gehst du hinein“, denke ich. „Die Schwester kommt sowieso nach. Ich will diesem Mann etwas von Jesus sagen.“

Aber sehr bald stellt sich heraus, daß der Mann auch ein Christ ist. In unserem Abteil kennt nur die Frau, die nun doch mit der Schwester eingestiegen ist, den Heiland noch nicht. Als der Mann mir gegenüber eine Unterhaltung beginnen will, sage ich deshalb zu ihm: „Einen Moment. Jetzt muß ich erst mit der Frau sprechen, die Ihnen gegenübersitzt. Wir drei hier sind Gotteskinder, aber diese Frau hat noch keinen lebendigen Heiland. Darum muß ich erst mit ihr reden und ihr den Weg zeigen.“

Und dann kann ich in Ruhe mit dieser Frau sprechen. Zuletzt beten wir noch miteinander. So plant Gott die Begegnungen. Der Herr macht Programm.

Bei einer anderen Reise im Schnellzug steigt ein junger Mann ein, hebt seinen Koffer ins Gepäcknetz und sagt dabei: „Ich will zur Kur!“

„Haben Sie auch Ihr Neues Testament dabei?“ frage ich.

„Nein.“

„Wie können Sie nur so verreisen, den Koffer voller Sachen, und doch das Wichtigste vergessen! Geben Sie mir bitte Ihre Kuradresse; ich sende Ihnen ein Neues Testament."

Er gibt mir die Adresse und hört von der Bedeutung des Wortes Gottes. Dann falten wir die Hände und beten.

Nach Monaten überrascht mich ein Brief von ihm. „Das Neue Testament, das Sie mir in die Kur sandten, habe ich nur so verschlungen."

Ich wußte bei unserer Begegnung nicht, daß er Leiter einer christlichen Jugendgruppe war, der den letzten Schritt zu Jesus noch nicht getan hatte. Ehre sei dem Herrn!

Im Eilzug verteile ich „Ein Brief für Dich". Ich bemerke stets dazu: „Mit diesem Brief ist Gottes Wort gemeint." Eine Frau antwortet: „Ja, wenn das nur alle Menschen wüßten!" Meine Frage: „Sind Sie ein Gotteskind?" bejaht sie fröhlich. Wir begrüßen uns; dann sagt sie: „Da gibt es doch eine Berta Isselmann. Sie muß hier in der Nähe wohnen. Schon jahrelang möchte ich diese Frau kennenlernen. Ich habe mir fest vorgenommen, sie auf dem Rückweg zu besuchen."

Wie groß ist ihre Überraschung, als ich mich zu erkennen gebe! Sprachlos schaut sie mich immer wieder an. Wir begrüßen uns noch einmal sehr herzlich, singen zusammen und falten die Hände. Die drei Büchlein mit Erlebnissen aus meinem Leben und Dienst für Jesus und zahlreiche Spruchkarten von mir steckt sie beglückt ein.

Nachdem sie ausgestiegen ist, habe ich einen guten Anknüpfungspunkt zum Gespräch mit den Mitreisenden. Denn alle im Abteil haben miterlebt, welch eine Freude es ist, zur Familie Gottes zu gehören. Ich denke, daß niemand von den Mitreisenden diese Fahrt so schnell vergessen wird.

Kürzlich fuhr ich wieder einmal mit dem Zug in Richtung Kassel. Im Abteil saß mir eine Frau gegenüber mit einem düsteren Gesichtsausdruck. Sie war so sehr traurig.

Ich erzählte ihr von meinem großen Glück. Sie sagte: „Ach, ich muß zu einer Kur. Ich habe so viel Schweres im Leben mitgemacht und bin schweren Herzens von zu Hause weggegangen. Ach, es ist ganz schrecklich!“ Sie klagte und jammerte.

Ich erzählte ihr von der lebendigen Hilfe. Jesus ist nicht nur der Helfer; er ist die Hilfe in Person. Er ist nicht nur der Retter, sondern die Rettung selbst.

Die Frau gab zur Antwort: „Der Pfarrer hat mir für die Zeit der Kur die Losungen mit den Erklärungen mitgegeben.“ Ich sagte: „Haben Sie denn auch Ihr Neues Testament mitgenommen?“

„Nein“, sagte sie.

„Wie schade! Wie jammerschade!“ entgegnete ich.

Die Frau fing dann an zu erzählen, wie gut sie doch sei und wie fromm. Ich versuchte ihr zu erklären: „Ob eine Lichtleitung viel oder wenig unterbrochen ist, spielt keine Rolle: Wenn der Strom fehlt, brennt die Lampe nicht." Ich wollte ihr klarmachen, daß ihr die nötige Verbindung zu Jesus fehlte, doch sie hörte gar nicht richtig zu.

Da ging plötzlich die Abteiltür auf, und fünf Jungen im Alter von etwa fünfzehn Jahren kamen herein. „Wir haben gedacht, ob das nicht die Schwester Berta ist", sagte einer. „Ich will doch mal nachsehen, was auf dem Koffer steht", meinte ein anderer. Und was stand da? „Das Licht der Gerechten brennt fröhlich!"

„Ja, es ist die Schwester Berta!" – So kamen die fünf angestürmt. Und einige fingen an zu erzählen: „Schwester Berta, Sie waren doch neulich abends bei uns in der Jugendstunde." Und dann erinnerten sie sich an das, was sie noch behalten hatten. Das war ganz wunderbar. Die Frau hörte und staunte über die fünf strahlenden Gotteskinder. Als sie in Marburg ausgestiegen waren, sagte ich zu der Frau: „Haben Sie etwas gemerkt?"

Ja, sie hatte etwas gemerkt. Der Herr hatte die fünf Jungen geschickt für diese Frau. Da brauchte ich nicht mehr viel zu sagen. Sie hatte gemerkt: Was diese fünf Jungen haben, das eben fehlt mir. Und jetzt geschah es, daß diese Frau auch reich wurde. Sie faltete die Hände und betete: „Herr Jesus, nimm mich doch an!" Und sie bat den Herrn Jesus um die Verbindung mit ihm. Und weiter betete sie: „Ich will dir ganz gehören. Hier hast du mich. Nimm mich jetzt an!"

Die Frau hatte ihre geistliche Wiedergeburt auf der Reise zur Kur im Eisenbahnabteil erlebt. Wodurch? Durch die fünf Jungen. Der Herr, der Programm macht, hatte sie zu mir gesandt, damit sie mir und der Frau helfen durften.

Dieses Erlebnis hat mich auch selbst sehr erfreut. Beim Abschied gab mir die Frau einen Kuß und sagte: „Wie schweren Herzens bin ich doch von zu Hause weggegangen, und wie bin ich jetzt so erleichtert!“

Sie strahlte. Und dabei hatte ich doch gar nichts oder nur wenig getan. Der Herr hatte es getan durch den Heiligen Geist und durch das strahlende Zeugnis der fünf jungen Gotteskinder.

Die stärkste Partei

In der Nachtbar gehe ich von einem Tisch zum andern und verteile Blätter. Ich frage einen jungen Mann: „Können Sie morgen besser arbeiten, wenn Sie heute nacht hier gewesen sind? Können Sie morgen besser die Wahrheit sagen? Sind Sie morgen dankbar für diese Nacht?“

„Oh, Sie reden aber“, antwortet er.

Ich erwidere: „Welchen Vorteil, welchen Gewinn

haben Sie davon, daß Sie hier sind?“ Er fängt vielleicht zum erstenmal an, darüber nachzudenken.

Einen anderen jungen Mann frage ich: „Tun Sie immer, was Sie gern möchten – oder tun Sie Dinge, die Sie gar nicht wollen, die Ihnen hernach leid tun? Oder sagen Sie etwas, was Sie nachher bereuen? Wie kommt das? Da muß doch einer sein, der Ihnen Böses will, der Ihnen ins Herz gibt, was Sie *nicht* tun wollen und was Sie auch nicht für gut finden.“

Er kommt zum Nachdenken.

Der Teufel ist natürlich stärker als der Mensch. Aber Jesus ist der Sieger. Er hat den Teufel besiegt; darum braucht keiner mehr dem Besiegten zu dienen. Wir dürfen und wollen dem Sieger dienen! In einem Vers habe ich es oft so gesagt:

„Jesus und ich – wir zwei –
sind immer die stärkste Partei!“

Mit dem Herrn Jesus Christus bin ich immer in der Mehrheit!

Vor lauter Freude keine Zeit zum Ärgern

Ich habe vor lauter Freude keine Zeit, mich zu ärgern. Trotzdem versuchen es manche Menschen.

Da läutet neulich bei mir das Telefon. Als ich den Hörer abnehme, sagt eine Männerstimme am anderen Ende der Leitung ganz ernst und feierlich: „Die Bundeswehr läßt Ihnen sagen, Sie möchten sich vor negativen Strahlen hüten."

Nun hätte ich mich ja bedanken können für die Fürsorge der „Bundeswehr". Aber ich gebe dem Anrufer zur Antwort: „Ich lebe nur von den positiven Strahlen der Sonne Jesu. Deshalb können mir negative Strahlen nicht schaden."

Der Gottesweg heißt Jesus

Die Wohnwagen in Köln, die ich besuchen will, stehen am „Gottesweg". Ich sitze in der Straßenbahn und fahre zum Missionseinsatz dorthin. Zum Schaffner sage ich: „Wenn die Bahn gleich hält, dann rufen Sie: ‚Gottesweg!' Wissen Sie denn, wie der Gottesweg heißt?" Er sieht mich erstaunt an. „Ich will es Ihnen sagen", fahre ich fort. „Der Menschenweg heißt ‚Religion', brav sein und gute Werke tun. Viele meinen auch, daß man durch Taufe, Konfirmation und Teilnahme am heiligen Abendmahl ein Christ würde. Doch der Weg führt nicht von unten nach oben, sondern von oben nach unten. Der

Herr Jesus Christus ist der lebendige Weg zu Gott." Weiter sage ich zu dem Schaffner: „Sie können statt ‚Gottesweg' auch ‚Jesus' rufen, wenn die Bahn gleich hält. Jesus ist nämlich der ‚Gottesweg'."

Der Mann wird in Zukunft ganz sicher nicht mehr „Gottesweg" rufen, ohne an Jesus zu denken. – Ich habe dann in der Straßenbahn so lange über den Gottesweg Jesus gepredigt, bis die Bahn hielt und der Schaffner rief: „Gottesweg!" Jetzt wissen die Leute alle Bescheid: Der Weg zu Gott heißt Jesus.

„Lockführer"

Im Schienenbus sitzt mir ein Mann gegenüber, der mir stolz berichtet: „Ich bin Lokführer."

„Das stimmt doch nicht", erwidere ich ihm. „Sie sitzen nur vorn; erst wenn Sie Jesus annehmen, dann *locken* und *führen* Sie die Menschen zum richtigen Ziel. Dann sind Sie ein richtiger ‚Lockführer'. Der Weg ist Jesus. Ich wünsche Ihnen, daß Sie ein richtiger ‚Lockführer' werden und viele Menschen zu Jesus locken."

Der rechte Weg

In einer Ansprache über Psalm 23,3 sagte Schwester Berta folgendes:

Wichtig ist, daß wir uns nicht wichtig nehmen. Gott nimmt *uns* wichtig, und wir sollen die *anderen* wichtig nehmen. Wir sollen und dürfen uns gegenseitig blank- aber nicht wundreiben. Das Lob sollen wir schlucken und den Tadel nicht spucken. Wir sollen den untersten Weg gehen, wo es keine Zusammenstöße und keinen Gegenverkehr gibt. Deshalb ist der unterste Weg immer der sicherste. Wenn dieser Weg auch steil ist, ja steinig und dornig, so ist er doch nicht glitschig. Wir brauchen nie abzugleiten, wenn wir auf diesem rechten Weg sind.

Er *führt* auf rechter Straße. Gott stellt mich nicht nur darauf und sagt: So, jetzt bist du richtig; sieh zu, wie du ans Ziel kommst. Nein, er geht selbst voran. Und von allen Seiten umgibt er mich und hält seine Hand über mir (Psalm 139,5). Auf diesem rechten Wege werde ich geleitet. Seine Herrlichkeit geht voran. Wir fühlen uns dann immer wohl in der gegenwärtigen Herrlichkeit; d. h. in der Lebensverbindung mit Jesus. Stets schöpfen wir aus seinem Wort und lesen darin von der zukünftigen Herrlichkeit. Die kann ich nicht beschreiben; aber ich weiß, daß ich sie einmal sehen darf. Unser Heiland Jesus Christus betet im Hohepriesterlichen Gebet: „Vater, ich will, daß wo ich bin, auch die bei mir seien, die du mir gegeben hast, daß sie meine Herrlichkeit sehen, die du mir gegeben hast“ (Joh. 17,24). Welch wunderbarer Weg! Welch herrliches Ziel!

Der Herr macht Programm in Zeiten der Not

Es war in der Zeit des Hitlerreiches. Da mußte ich wie alle Musiklehrer meine Schüler wegschicken und praktisch arbeiten. So ging ein Klavierlehrer zur Arbeit in die Fabrik; eine Klavierlehrerin fand bei einem Handwerker Arbeit. Doch mich wollte keiner einstellen. Wo ich mich auch bewarb, immer hieß es: „Sie sehen ja viel zu schlecht. Wir können Sie nicht gebrauchen. Wir brauchen Leute, die gute Augen haben.“ Ich versuchte, im weiten Umkreis meines Wohnorts Arbeit zu finden, doch vergeblich. Selbst im näheren Bekanntenkreis sagte man mir: „Mit so schwachen Augen kannst du nicht bei uns arbeiten.“ Also keine Schüler mehr, aber auch keine andere Arbeit!

Da las ich in Psalm 28,7: „Der Herr ist meine Stärke und mein Schild; auf ihn hofft mein Herz, und mir *ist* geholfen. Und mein Herz ist fröhlich, und ich will ihm danken mit meinem Lied.“

So betete ich: „Vater, da steht doch: Mir *ist* geholfen."

Gegen Abend läutete das Telefon. Eine Frau vom Arbeitsamt fragte mich: „Haben Sie inzwischen Arbeit gefunden?"

„Nein", erwiderte ich. „Mit meinen schlechten Augen will mich niemand."

Die Frau vom Arbeitsamt sagte: „Ich habe selbst schwere Magenkrämpfe; ich kann nichts mehr für Sie tun. Dann unterrichten Sie halt weiter!"

Noch am selben Abend kam vom Amt in Kreuztal telefonisch die offizielle Mitteilung: „Sie dürfen weiter als Klavierlehrerin unterrichten!"

Denkt nur: Ich als einzige konnte in meinem Beruf weiterarbeiten. „Mir *ist* geholfen", das durfte ich allen froh bezeugen.

Immer wieder in kritischen Zeiten und schweren Lebenslagen las ich in meiner Bibel: „Dir ist geholfen! Du bist gesegnet!" So wurde ich im Hitlerreich einmal zur Gestapo bestellt und sollte mich dort wegen meiner Missionsdienste verantworten. Am Morgen las ich das Wort der Losung: „Durch meine Barmherzigkeit ist dir geholfen; durch meine Rechte bist du gesegnet." Wie froh und getrost machte ich mich auf den Weg zur Gestapo! Es ging wunderbar. Ich konnte dem SS-Mann fröhlich und ohne Furcht von Jesus sagen. Das Wort Gottes sprach zu mir in schweren Stunden und zeigte mir den rechten Weg. Gotteskinder sind glückliche Leute. Als erlöste Kinder Gottes haben wir eine geordnete Vergangenheit, eine glückselige Gegenwart und die allerherrlichste Zukunft.

Wie der Schäferhund die Schafe

Ich packe die Menschen wie ein Schäferhund die Schafe. Neulich sitze ich ganz allein im Zugabteil. Ich will nur zwei Stationen weit. Da kommt ein Mann herein, ein altes, verkommenes Menschenwrack. Ich denke: „Den kannst du doch nicht so dasitzen lassen!" Deshalb biete ich ihm ein christliches Blatt an. Er sagt: „Ich kann nicht lesen."

„Aber lügen können Sie!" entgegne ich.

Er: „Ich bin Moslem!"

Ich: „Das ist auch gelogen. Aber nicht gelogen ist, daß Sie sehr, sehr unglücklich sind."

„Woher wissen Sie das? Riechen Sie das?"

„Ja", sage ich, „das weiß ich. Darum bin ich von meinem Fensterplatz zu Ihnen gekommen. Ich fahre allerdings nur zwei Stationen mit diesem Zug."

„Wie schade!" sagt er. Aber als ich zu ihm sage: „Ihnen fehlt der Heiland", da springt der Mann wütend auf, packt mich und wirft mich auf meinen Fensterplatz zurück.

Dieser Satz hat gesessen. Den wird er nie mehr los. Ich meine nicht, daß die Leute sich alle freuen sollen, wenn ich von Jesus zu reden beginne. Das geht doch an das Innerste, an den Kern. Sie sollen ja zum Nachdenken kommen.

Eines Abends traf ich Berta Isselmann im letzten Bus, der kurz vor Mitternacht von Siegen nach Kreuztal fährt. Diesen letzten Bus nennt man wegen seiner oft seltsamen Fahrgäste den „Lumpensammler".

Gleich nach der Abfahrt fing Schwester Berta an, die Fahrgäste mit Lesestoff zu versorgen. Viele nahmen dankbar an. Aber dann kam sie zu einem bessergekleideten Herrn, der in meiner Nähe saß. „Ach, ich weiß doch, was drinsteht!" lehnte er ganz entschieden ab. Schwester Berta gab zur Antwort: „Mein lieber Mann, das freut mich. Aber Sie kennen doch sicher noch Menschen, die *nicht* wissen, was in den Blättern steht. Dann helfen Sie mit, daß auch diese Menschen es erfahren."

Die Brüder von der Landstraße

Wir dürfen freudig unser Zeugnis vom Heiland sagen, aber überzeugen, das tut der Herr. Als ich noch nicht gläubig war, kam ich viel mit dem Fahrrad herum und traf dabei oft Landstreicher oder Tippelbrüder. Ich stieg von meinem Rad ab, unterhielt mich mit ihnen und putzte ihnen die Schuhe. Dabei sagte ich zu den Brüdern von der Landstraße: „Wenn ihr ordentlich ausseht, bekommt ihr mehr."

Von der romantischen Seite her haben mich diese Leute schon immer interessiert.

Oder ich ging im Zirkus in die Tierschau. Wenn dann jemand aus fernem Land mit mir sprach, war ich glücklich. Ich hätte damals nicht geahnt, daß ich hier später eine Aufgabe haben würde. Der Herr heiligt auch unsere natürlichen Gaben und schenkt uns die Gnadengaben dazu.

Keine Zeit zum Zuschauen

Kürzlich erzählte mir eine ältere Frau ein Erlebnis, das sie mit Schwester Berta hatte:

An einem Vormittag gab es in der Nähe unseres Hauses einen schweren Verkehrsunfall. Ein verletzter Mann lag auf der Straße; er jammerte und stöhnte. In kurzer Zeit waren unzählige Menschen an der Unfallstelle, die alles neugierig beobachteten. Man wartete auf die Polizei und auf den Krankenwagen. Auch aus den offenen Fenstern erlebten viele das Schauspiel mit. Plötzlich kam Schwester Berta Isselmann auf ihrem Fahrrad angebraust. Sie rief mir zu: „Ida, darf ich mal mein Fahrrad in den Garten stellen?“ Dann eilte sie zu dem Schwerverletzten, der noch auf der Straße lag und jammerte. Schwester Berta kniete bei ihm nieder, redete freundlich mit dem Mann, tröstete ihn und betete mit ihm.

Als dann der Krankenwagen kam, hatte Schwester Berta ihre Mission erfüllt. Sie schwang sich wieder auf ihr Fahrrad und fuhr getrost weiter zu neuem Dienst für den Herrn Jesus.

Wie hat die Berta mich und andere sogenannte Christen beschämt! Wir wollten nur alles mitbekommen, aber die Berta tat den notwendigen Dienst des Tröstens.

Wenn Gott uns auf die Reise schickt

Meine Lieblingsstadt ist Budapest, die Hauptstadt Ungarns. Schon viermal war ich dort. Die Christen in dieser Stadt freuen sich immer, wenn ich komme. Beim letztenmal baten sie mich vor der Abreise: „Im nächsten Jahr kommst du doch wieder zu uns?“

Monate vergingen, und der Termin für die Zeit der Reise rückte immer näher. Mir wurde klar: Nein, es geht diesmal nicht. Ich muß Kohlen und Briketts bezahlen; ich habe für die Reise und den Aufenthalt dort einfach kein Geld. Ich will den lieben Christen in Ungarn abschreiben.

Ich setzte mich also an den Schreibtisch und wollte den Gläubigen in Budapest schweren Herzens schreiben. Da läutete es an der Haustür, und ein mir bis dahin unbekannter Mann besuchte mich. Was brachte dieser Mann mit? Einen echten Goldbarren! Ich war völlig verblüfft. Ich hatte noch nie im Leben so etwas gesehen. Der Mann übergab mir das Gold mit einem Brief und sagte: „Lesen Sie den Brief, wenn ich wieder weg bin." Und so schnell er gekommen war, verschwand der Mann auch wieder.

Ich wußte nicht, wie mir geschah. Ich weinte. Meine Hauswirtin kam zu mir ins Zimmer und fragte aufgeregt: „Ist etwas passiert?"

„Nein", sagte ich. „Schau mal her und lies den Brief!"

Dann las die Frau: „Ich habe mehr Rente bekommen, als ich erwartet habe, und will nun einigen Reichsgottesarbeitern helfen. Dieses Gold hat einen Wert von ca. 2000 DM. Wenn Sie eine Privatrechnung zu bezahlen haben, dann tun Sie das zuerst."

Ich bezahlte also meine Heizrechnung, hatte genug Geld für die Reise nach Budapest und gab den

Rest für die Missionsarbeit. Die zweitausend Mark waren so schnell weg, wie sie gekommen waren. Aber ich kann nur sagen: Wenn Gott uns auf die Reise schicken will, dann schenkt er auch das nötige Geld dazu. So wunderbar macht mein Herr Programm.

Das Eis schmilzt

Wenn wir uns als Christen gerufen wissen, die Liebe Gottes weiterzugeben, dann schenkt der Herr uns dazu große Möglichkeiten.

Vor einigen Jahren waren Zigeuner in Kreuztal mit etwa zehn Wohnwagen. Ich gehe an einem Abend immer um ihre Wagen herum und singe: „Gott ist die Liebe..." Nichts rührt sich. Sonst kommen die Zigeuner gleich angerannt; hier bleiben die Türen zu. Trotzdem gebe ich nicht auf. Ich bete: „Herr Jesus, jetzt singe ich *dir* ein Loblied, einfach dir."

Es wird dunkel, und ich singe immer noch. Da öffnet sich endlich eine Wagentür. Eine Zigeunerin kommt heraus und sagt: „Ich heiße Minna. Haben Sie eine Bibel für mich?" Ich sage: „Ja, morgen bringe ich Ihnen eine mit." Und aus einer anderen

Wagentür ruft jemand: „Haben Sie für mich auch eine?“

Wie gut, daß mein Geduldsfaden „himmlische Qualität“ hatte, daß ich nicht weggelaufen bin, sondern Ihm zur Ehre gesungen habe. Darum schenkte es der Herr, daß sich die Türen öffneten.

Am nächsten Abend komme ich mit den Bibeln. Minna ist nicht mehr so offen, weil ihr Mann neben ihr steht. Sie nimmt zwar die Bibel an, aber legt sie gleich wieder weg. Dann lade ich die Kinder ein. Sie kommen auch gleich, aber die Mütter rufen sie energisch wieder zurück.

Am Tag darauf bin ich wieder bei den Zigeunern. Ich sitze bei ihnen auf der Wiese und erzähle von Naeman, dem armen reichen, aussätzigen Feldherrn. Sie tun, als würden sie nichts hören. Ich denke: „Man sieht doch, daß dies hier ungarische Zigeuner sind. Sie müssen also mit denen verwandt sein, die ich in Frankfurt kennengelernt habe.“

„Wißt ihr, daß der alte Betti gestorben ist?“ frage ich deshalb unvermittelt die Männer. „Betti tot?“ fragen sie. „Ja“, sage ich, „der alte Betti ist gestorben, und ihr seid doch mit ihm verwandt, auch mit dem Puro, mit dem Soni, mit der Malla und mit der Paprika.“ Plötzlich sind sie interessiert, und ich denke: „Diese Zigeuner haben noch nie Liebe von Deutschen erfahren. Sie haben nur das KZ kennengelernt, sonst nichts.“

Am nächsten Abend fragt mich Minnas Mann: „Wie kommen wir am besten nach Meggen? Da wollen wir morgen hin." Ich bin froh, daß sie nach Meggen wollen, und beschließe, sie auch dort zu besuchen.

So fahre ich am nächsten Tag die dreißig Kilometer mit der Bahn nach Meggen. Bei meiner Ankunft strecken mir die Männer die Hände entgegen; die Frauen fallen mir um den Hals, und die Kinder kommen zu mir gerannt. Alle meinen, daß ich sehen will, wie es Minna geht. Sie ist schwer herzkrank. Deshalb wollte Minna auch eine Bibel haben. Minna lädt mich zum Essen ein, und ihr Mann bietet mir sogar das Fahrgeld an. Nun ist alles anders. Ich schreibe Minna noch ein Bibelwort vorne in ihr Neues Testament, und nachdem wir lange miteinander gesprochen haben, fahre ich froh und dankbar mit dem Zug nach Hause zurück. Seitdem habe ich diese Zigeuner nie wiedergesehen.

Ein Narr um Jesu willen

Vor einigen Jahren besuchte ich den alten Dr. Müller, der lange Jahre Pfarrer in Hilchenbach war. Fast erblindet sitzt er vor mir im Sessel. Wir kommen auf Schwester Berta zu sprechen. Mit Begeisterung erzählt der 88jährige Pastor:

Als Präses D. Hans Thimme noch Leiter des Predigerseminars in Bethel war, wollte er mit einer größeren Gruppe von Theologie-Studenten das geistliche Leben im Siegerland kennenlernen. Er fragte mich: „Was können wir den Studenten denn im Siegerland diesbezüglich bieten?“ Ich nannte ihm einiges und sagte ihm dann: „Wir haben hier im Siegerland so ein Unikum Gottes, die Berta Isselmann. Sie ist Klavierlehrerin und Straßenmissionarin in einer Person. Vielleicht wäre das etwas für die Studenten der Theologie.“

Der Sonntag kam, und es kamen auch die Studenten mit ihrem Rektor D. Hans Thimme. Abends sprach Berta Isselmann im Gemeindehaus der Kirche über ihre Arbeit in der Weltfirma „Hecken & Zäune“. Die Studenten meinten nachher: „Wir haben an diesem einen Abend mehr an praktischer Theologie gelernt als in den vielen Jahren des Theologiestudiums.“ Auch D. Thimme war beeindruckt: „Das hat mir gut gefallen. Die Frau hat den Mut, um Christi willen ein Narr zu sein.“

„Ihr habt die falschen Mieter!“

Als wir vor Jahren unser kleines Haus gebaut hatten, waren wir froh, daß wir zwei kleine Zimmer

„mit Frühstück“ an einzelne Personen vermieten konnten. Wie verschieden waren doch diese Gäste! Zuletzt hatten wir Mieter, die bei der Deutschen Bundespost beschäftigt waren, ordentliche Leute.

Als Schwester Berta bei einem Besuch in unserem Haus davon hörte, sagte sie zu mir: „Adolf, ihr habt die falschen Leute in euer Haus aufgenommen. Ihr dürft nicht die anständigen und ehrenwerten Leute aufnehmen, die kommen überall unter. Ihr müßt die Verbrecher und die verkrachten Existenzen beherbergen. An *diesen* Menschen habt ihr eine sehr wichtige Aufgabe zu erfüllen.“

Ich gab ihr zwar zur Antwort: „Liebe Berta, die Sorte, die du uns empfehlen willst, die hatten wir schon reichlich. Jetzt sind wir froh und dankbar, andere Gäste zu haben.“ Aber im Grunde mußte ich Schwester Berta doch recht geben.

Vor einer größeren Reise war ich zu einem kurzen Abschiedsbesuch bei Schwester Berta. Nachdem sie mir herzliche Grüße an viele Menschen aufgetragen hatte, mit denen auch sie innig verbunden war, sagte sie: „So, Adolf, dann wollen wir noch kurz beten.“ Wie kindlich, aber auch wie glaubensvoll betete Schwester Berta: „Ich danke dir, Vater, daß dein Gnadenwagen jetzt vor dem Adolf herfährt und ihn rechts und links umgibt. Amen.“

Ein Siegeslied in leiblicher Schwachheit

Erfüllt von Licht und Sonne,
erhebt mein Herze Dich;
ist voller Freud' und Wonne,
denn Dir gehöre ich!
Es lobt Dich meine Seele,
ist schwach auch das Gebein,
Du sorgst, daß mir nichts fehle –
sollt ich nicht fröhlich sein?

Hab Dank, mein Herzensheiland
für Deine Herrlichkeit,
die Du auf meinem Eiland
in Fülle ausgebreit't.
So ruh' ich wohlgeborgen
in Deiner Liebe aus;
befreit von Angst und Sorgen,
trägst Du mich durch nach Haus.

Es freut sich Leib und Seele,
anbetend ruht mein Geist.
Du bist mir Brot und Quelle,
die mich beständig speist.
Aus Deinem Heiligtume
fließet mir Licht und Kraft;
so lieg' ich Dir zum Ruhme –
weil's Deine Gnade schafft.

Ich rühm' Dich ohne Ende,
steh' auf Verheißungsgrund.
Du hältst mein Herz und Hände,
bewahrest Deinen Bund,
bis meine Leibeshülle
gibt frei, was himmlisch ist,
und ohne Sünd' in Fülle
die Herrlichkeit genießt.

Dann schau' ich Dich, mein Alles
und fall' zu Füßen Dir.
Du Retter meines Falles,
Du höchste, schönste Zier.
Dann wird vielstimmig tönen
ein volles Gloria,
ein Chor von Gottessöhnen –
Amen, Halleluja!

„Meine lieben Mitarbeiter ...!"

Jede Predigt und jeder Vortrag beginnt normalerweise mit einer Anrede an die Zuhörer. Auch Schwester Berta Isselmann liebt die Anrede zu Beginn ihres Vortrages. Aber sie sagt nicht etwa einfach: „Liebe Gemeinde" oder „Liebe Brüder und

Schwestern“ oder „Liebe Freunde“. Nein, auch hier ist sie ein Original. Sie sagt etwa:

„Meine lieben Mitarbeiter der Firma ‚Getrost und Unverzagt‘!“

„Meine lieben Gehilfen des Segens!“

„Meine Liebesgaben des Vaters an seinen Sohn!“

„Liebe Mitarbeiter der Firma ‚Lob und Dank‘ und solche, die es werden wollen!“

„Meine lieben Teilhaber der göttlichen Herrlichkeit!“

„Meine lieben Gehilfen des Dankens!“

„Liebe Siegesgenossen in Jesu Heer!“

„Meine lieben Gehilfen der Freude!“

„Liebe Gehilfen des nie verklingenden Lobes!“

Schon diese originellen Anreden enthalten für den Zuhörer eine ganze Botschaft.

Besuch bei Schwester Berta

Ein junger Mann aus dem Siegerland erzählte mir von Begegnungen mit Schwester Berta Isselmann:

In der Maschinenfabrik, wo ich arbeite, wurde schon vor Jahren von einer älteren Dame aus Kreuztal erzählt, die mit ihrem Fahrrad auf der

Straße die gefährlichsten Kurven fahre und dabei alle Autofahrer in Furcht und Schrecken versetze. Aber offenbar gab es niemals einen Unfall. Die gute sehbehinderte Schwester Berta hatte eben immer ihre Schutzengel um sich.

Dann lernte meine Frau Schwester Berta im Omnibus kennen. Sie fragte: „Sind Sie Schwester Berta Isselmann?“ Die freudige Antwort war: „Immer noch, ja immer noch!“

Schließlich siegte meine Neugier, und ich besuchte Schwester Berta. Sie nahm sich Zeit und wollte mich bewirten. „Nun habe ich doch vergessen, am Morgen zu beten: ‚Unser täglich Brot gib uns heute‘, sagte sie. ‚Deshalb habe ich keinen Krümel Brot in der Wohnung.‘“ Etwas Pudding hatte sie bei ihrer Hauswirtin abgegeben. Jetzt erbat sie sich für ihren Besuch ein wenig zurück.

Während wir uns unterhielten, wollte ich einen Löffel voll Pudding in den Mund schieben. Aber dazu kam es vorerst nicht, weil Schwester Berta entsetzt ausrief: „Wird bei euch denn vor den Mahlzeiten nicht gebetet?“ Seitdem weiß ich, daß auch für ein wenig Pudding das Dankgebet angebracht ist.

Ich bewunderte ihre vielen Wandsprüche. Einer lautete: „Beten senkt Sorgenberge ins Meer.“ – „Das verstehe ich nicht“, sagte ich, und Schwester Berta erklärte mir ausführlich den Inhalt des Spruches.

Weil Schwester Berta während einer Zeltmission zum Glauben gekommen war, trat sie stets bei solchen Zelteinsätzen in Aktion, wenn sie nicht gerade anderswo in ihrer Weltfirma „Hecken und Zäune“ für Jesus unterwegs war. Einmal lud ich meinen Freund Hanno aufs Moped, um mit ihm eine Zeltevangelisation in Weidenau zu besuchen. Hanno hatte mich vorher gefragt, wie hoch der Eintritt sei und ob man da auch rauchen dürfte? Er war angenehm überrascht, als er merkte, daß er ohne Eintrittsgeld hinein konnte. Aber er kam mit einer brennenden Zigarette ins Zelt. Das sah Schwester Berta. Sie stürmte auf ihn los und sagte, er möchte doch das Rauchen sein lassen; es sei gesundheitsschädigend. Wieviel könnte man mit dem Geld, das man als Nichtraucher einsparen würde, für den Heiland tun!

Schwester Berta war auch auf jeder Kirmes im weiten Umkreis zu finden. Mit einem Schießbudenbesitzer in einem abgetragenen Anzug sprach sie vom Heiland. Ärgerlich brüllte er Schwester Berta an: „Bleib mir doch weg mit deinem Jesus! Der schenkt mir auch keinen Anzug!“

Schwester Berta schwang sich auf ihr Fahrrad und fuhr los. Zuerst legte sie ihre Sorge bei Jesus ab und dann in der Wohnung eines pensionierten gläubigen Pfarrers. Dieser ging an den Schrank, holte einen guten Anzug heraus, der seinem Sohn nicht mehr paßte, und gab ihn Schwester Berta. Zurück zum Schießbudenbesitzer! Der zog den Anzug sofort an, und der paßte wie angegossen.

Während der Kirmes in Hilchenbach wurde

Schwester Berta von Freunden gefragt, ob sie denn Erfolg bei ihrer mühevollen Arbeit habe? Sie gab zur Antwort: „Ja, ja, sie hören schon ein bißchen besser zu!" Tatsächlich wurde Schwester Berta, wenn sie vorne den Wohnwagen eines Schaustellers betrat, um vom Heiland zu erzählen, schleunigst zur Hintertür hinausbugsiert. Nach mehrmaligem Rausschmiß betrat sie die Wagen schließlich durch die Hintertür, und nun hörte man ihr ein Weilchen zu. Das war für Schwester Berta ein Erfolg, der sie zu fröhlichem Dank und zur Weiterarbeit veranlaßte. „Wir sind als Christen rausschmeißbar", sagt Schwester Berta oft und gern.

Mein Ruhestand unter dem Schirm des Höchsten

(Psalm 91,1)

Mein Ruhestand in Jesus
ist voller Lieb und Lust.

Mein Ruhestand in Jesus
ist voller Sang und Klang.

Mein Ruhestand in Jesus
ist früchteschwer und reich.

Mein Ruhestand in Jesus
ist stilles Ruh'n in IHM.

Mein Ruhestand in Jesus
ist frohes Geh'n zu IHM.

„Gebt ihr ihnen zu essen!"

Diese Aufforderung des Herrn Jesus an seine Jünger (Matth. 14,16) ist für uns ein unüberhörbares Missionskommando. Die Hungernden lagern sich heute zu Tausenden in Vergnügungsstätten, auf den Rummelplätzen, an Hecken und Zäunen, in Strafanstalten und überall um uns her. Sehen wir sie mit den Augen des Heilands? Jammert uns das Volk? Jesu Hände sind stets für uns zum Weitergeben gefüllt.

Heute besuche ich Strafentlassene. Leider treffe ich meinen Schützling nicht an. Ein Taxi bringt mich zum Bahnhof. Dieser Fahrer ist glücklich, von Jesus zu hören. Er sagt: „Solche Leute suche ich; wie gut, daß Sie mit mir fahren! Sagen Sie mir noch mehr." Er hört und hört, dankt besonders fürs Beten und begleitet mich in die Bahnhofshalle. Als ich auf dem Bahnsteig stehe, ruft mir jemand vom gegenüberliegenden Bahnsteig zu: „Der Hermann ist wieder in der Heilstätte. Besuchen Sie ihn!“

Also verlasse ich den Bahnhof, nehme wieder ein Taxi und fahre sofort zur Heilstätte. Natürlich fährt mich wieder der Otto, wie wir ihn nennen wollen. Otto will noch mehr von Jesus hören.

Hermann freut sich über meinen Besuch, und nicht nur er hört gut zu, sondern auch sein Pfleger. Beim Verlassen des Geländes ruft mir der Pförtner zu: „Otto hat angerufen. Sie möchten warten; er will Sie wieder fahren.“

Wie strahlt Ottos Gesicht, als er mich einlädt. Inzwischen wurde ich seine „Tante Berta“ und er „mein Otto“.

In einer anderen Stadt besuche ich verschiedene Lokale. Als ich „Gott ist die Liebe“ singe, stimmt ein Wirt mit ein. Anschließend ruft ein Mann von der Theke: „Bitte noch ein Lied von Jesus!“

Im Nachbarlokal sitzen junge Leute beim Skat. „Wenn du Jesus kennst“, singe ich. Weil sich einige Gäste in ihrer Unterhaltung nicht stören lassen wollen, ruft jemand vom Barhocker energisch: „Ruhe! Hört doch mal zu!“

Einen Wirt frage ich: „Können Sie mir bitte sagen, wie man in den Himmel kommt?“ Er verneint und ist erstaunt, als er von Sünde, Gnade und Heilsgewißheit hört. Einige Männer an den Nachbartischen erheben sich interessiert, und schon ist die Evangelisation im Gange.

Vor dem Wohnwagenplatz lädt ein kleines Lokal zur Rast ein. Hier treffe ich einige Bekannte und setze mich an ihren Tisch. Die Musikbox verstummt. Die Wirtin sagt entschuldigend: „Wenn ich gesehen hätte, daß Sie kommen, hätte ich die Musik vorher abgestellt." Ich erzähle ihnen von Jesus, der allein unsern Lebenshunger stillt.

Als ich einen Wirt nach seinem Konfirmationsspruch frage, weiß er ihn noch: „Was hülfe es dem Menschen, wenn er die ganze Welt gewönne und nähme doch Schaden an seiner Seele." Er bedankt sich herzlich, daß ich ihm diesen Bibelvers erkläre. Ein Mann macht mich auf einen Gast aufmerksam, der gestern Geburtstag hatte. Er bekommt ein Gotteswort gesagt und ein Geburtstagslied gesungen, und ich bete mit ihm. Alle hören zu und sind ganz still.

Der Hauptgewinn heißt Jesus

Vor mir liegt eine Drucksache von der Lotterie. Eine wunderbare Gelegenheit zum Zeugnis! Ich schreibe einen Brief. Einer wird ihn bestimmt lesen, vielleicht der Chef oder die Sekretärin:

„Lieber Gehilfe des Glücks! Das möchten Sie ja

sein, und darum werben Sie für Ihre Lotterie. Was Sie aber Glück nennen, zerrinnt uns unter den Händen. Glück ist, mit dem Willen Gottes in Einklang stehen. Wer Jesus als seinen Herrn und Heiland aufgenommen hat, steht auf der Gewinnliste. Mit dem Hauptgewinn *Jesus* ist alles gewonnen. ‚Es ist ein großer Gewinn, gottselig zu sein und sich genügen zu lassen.' Paulus schreibt sogar: ‚Jesus ist mein Leben, und Sterben ist mein Gewinn.' So kommt ein Jünger Jesu vom Gewinnen nicht mehr los."

Ich berichte dann weiter von Jesu Liebe und Siegesmacht und schließe mit den Worten: „Wenn Sie Jesus Ihr Herz öffnen, stehen auch Sie auf der Gewinnliste und sind ein rechter Gehilfe des wahren Glückes."

Hingehen und Fruchtbringen

Jesus spricht davon, daß auch die Füße, ja der ganze Mensch, für ihn in Bewegung kommen sollen. Dabei ist wichtig, daß vor allem das Herz in Bewegung ist zu denen, die ohne Jesus leben.

Mit dem Fruchtbringen ist das so eine Sache. Wir wollen gern „zählen", und das bekommt niemandem gut. Frucht für Jesus ist überfließendes Leben.

Zum Fruchtbringen gehört zunächst, daß durch unseren Dienst Herzen aufgetaut werden. Auch die sorgfältige Bearbeitung des Bodens ist eine wesentliche Voraussetzung dafür, daß eine reiche Frucht heranwachsen kann. Mein Dienst ist eine solche Vorarbeit.

Da meine Schausteller im Sommer ständig unterwegs sind, muß ich sie vor allem im Winterhalbjahr besuchen. An einem frühen Morgen im Advent liegt der große Wohnwagenplatz vor mir. Mit den Älteren dort gibt's manch frohes Wiedersehen. Die christlichen Kalender finden in fast allen Wagen dankbare Abnehmer. Sie sind schon seit Jahren ihre treuen Begleiter auf den Reisen. Überall auf dem Platz werden eifrige Vorbereitungen für den Weihnachtsmarkt getroffen. An einer Ecke übertönt eine Orgel sogar mein lautes Singen. Mit der Fachzeitung „Komet" unter dem Arm, erkennen auch die mir bis dahin Fremden, daß ich „vom Fach" bin. Dies verschafft mir guten Eingang. Mich interessiert, ob die Schausteller das Bibelwort lesen, das ich in jeder „Komet"-Nummer als Anzeige aufgebe. Viele beteuern mir, daß sie dieses Wort schätzen.

Mitte Dezember erhalte ich einen Brief von „Klaus"; ich kenne ihn nicht. Er berichtet, daß er vor einigen Monaten Jesus in sein Leben aufgenommen hat. Als Schriftsetzer im „Komet"-Verlag gehörte es zu seinen Aufgaben, in jede Nummer das von mir eingesandte Bibelwort zu setzen. Klaus schreibt: „Ich muß Ihnen einmal mitteilen, daß es mir heute, nachdem ich zum lebendigen Glauben an Jesus kam, eine große Freude ist, Gottes Wort in unsere Schaustellerzeitung aufzunehmen. Ich habe Ihren Namen inzwischen auf meine Gebetsliste gesetzt. Der Sieg geht weiter!"

Wenn allein der Herzensboden bei Klaus aufgetaut und bearbeitet wurde, haben sich alle Kosten für das monatliche Inserat mehr als hundertfach gelohnt.

Wenn ich auf die zurückliegenden Jahre blicke, bekenne ich danküberwältigt: Jesus hat bei mir alles wohlgemacht! Das Augenlicht nahm ab, die Freude aber nahm zu. Ich stütze mich auf die Verheißungen wie ein Lahmer auf seine Krücken.

Gestern gab es ein frohes Wiedersehen auf der Straße. Jemand erzählte: „Vor zwei Jahren haben Sie mich in der Gaststätte gefunden und auf Jesus hingewiesen. Inzwischen habe ich mich bekehrt."

Jesus behält mich in seiner Hand. Ich freue mich, weiter hingehen zu dürfen, um Herzen durch die Glut der Liebe Gottes aufzutauen und so mitzuhelfen, daß der Boden bei vielen Menschen für eine reiche Ernte vorbereitet wird. Ich kann nur sagen: „Herr Jesus, ich danke dir, daß du mich berufen hast, hinzugehen, und mein Leben Frucht für dich bringen darf."

„Privataudienz beim himmlischen König“

Der Herr ist treu. Jesus achtet darauf, daß der Dienst mir nicht wichtiger wird als er selbst. Durch ein wochenlanges Krankenlager vor einigen Jahren hatte ich viel Privataudienz beim himmlischen König. Während des kurzen Aufenthaltes im Krankenhaus durfte ich meiner Nachbarin Gebetshilfe leisten, bis sie abgerufen wurde. Nach der Entlassung mußte ich wegen hohen Blutzuckers eine Weile Diät essen, was mir gar nicht bekam. Total entkräftet nannte ich mich „Schlappmann“ statt „Isselmann“. Leider haben die Medikamente meine Sehkraft weiter beeinträchtigt. Vier Wochen lang war ich dienstunfähig.

Psalm 34,9 wurde zur Lektion Gottes: „*Schmekket* und *sehet,* wie freundlich der Herr ist.“ Ich schmeckte und sah – an seinem Herzen ruhend – schließlich eine wahre Fülle seiner Freundlichkeit, so daß ich aus dem Staunen nicht herauskam und die leiblichen Mängel nicht mehr bedrückend empfand. Wunderbar!

Nun bin ich wieder im Dienst. Die Lunge ist gestärkt, der Zucker ist weg, und ich fühle mich kerngesund. Dem Herrn sei Lob und Dank! Mit Freuden darf ich in alter Frische weiter seinen Ruhm verkündigen, bis er kommt.

Der Tag ist Dein, mein Vater,
den Du in voller Pracht
mir heute hast in Gnaden
so reichlich zugedacht.

Die Nacht ist Dein, mein Vater,
Im Wachen und im Ruh'n
bleib ich in Deinem Frieden,
versorgt in Deinem Tun.

Wenn Gott zieht

Während der Schulferien wimmelt der Rummelplatz nicht nur von Schaustellern, sondern auch von vielen Schulkindern. Sie interessiert besonders, wie die Kirmesleute meine Botschaft aufnehmen. Ich singe: „Gott ist die Liebe ..." Gleich grölen die Kinder dazwischen. Ich sage: „Ihr geht doch alle zur Sonntagsschule. Singt ihr doch den Schaustellern ein Jesuslied!" Lachend laufen sie davon.

Als ich in den Wagen den kostbaren Samen des Wortes Gottes ausstreue, bearbeiten sie von außen die Wände mit ihren Fäusten, daß man drinnen kaum ein Wort versteht. Natürlich werden sie von den Schaustellern nicht davongejagt; die Kinder sollen nachher doch auf die Karussells und Schiffschaukeln kommen. Also stören die Kinder drinnen und draußen weiter. Was soll ich tun? In allen Wagen sage ich: „Heute ist nichts zu machen; wer aber wirklich von Jesus hören will, der soll mich heute abend besuchen. Ich wohne nur eine Viertelstunde von hier."

Abends sitze ich am Schreibtisch. Es schellt. Eine Kirmesfrau kommt. Sie hat eine Frage: „Was Sie uns sagen, gilt das auch mir? Bin ich gemeint?"

Ermunternd antworte ich: „Natürlich. Jesus sagt: Es kann niemand zu mir kommen, es ziehe ihn denn der Vater. Daß Sie zu mir gekommen sind, ist das Ziehen des Vaters zum Sohn; Sie sind gemeint, Sie sind berufen!"

Sie beginnt, das Wort aufzunehmen wie trockenes Land den Regen. Ihr Gesicht strahlt, sie nimmt die Botschaft für sich in Anspruch. Wir singen und beten miteinander. Erleichtert geht sie ihren Weg.

Im Intercity-Zug verteile ich Traktate. Ein elegant gekleidetes Mädchen springt auf und kommt zu mir. „Haben Sie noch mehr solcher Literatur?" Wir sprechen miteinander. Sie bleibt stehen, möchte mehr von Jesus wissen, hört und hört. Plötzlich erschrickt sie: „Jetzt habe ich das Umsteigen verpaßt!" Nachdenklich steigt sie bei der nächsten Station aus. Später schreibt sie: „Es tut mir gar nicht leid, daß ich das Aussteigen und den Anschluß verpaßte. Der Anschluß nach oben ist mir wichtiger."

Trotz Knast

Manfred schreibt: „...In den Monaten Dezember bis Februar war ich wirklich völlig am Ende. Heute schäme ich mich dafür. Ich wollte einfach Schluß machen. Nicht mehr denken, hoffen, fühlen. (Er hatte schon eine Rasierklinge in der Hand, um seine Halsschlagader zu öffnen.) Heute bin ich davon überzeugt, ich hätte geschnitten, wenn mir nicht Schwester Berta bei ihrem letzten Besuch ein Leuchtkreuz gegeben hätte. Und da leuchtet nun in der Dunkelheit das Wort: ‚Er erquicket meine Seele.' Ich habe dann die ganze Nacht mit Ihm gestritten. Bitte laß uns in Verbindung bleiben. Ich brauche noch viel, sehr viel Erkenntnis und Hilfe..."

Helmut schreibt: „Liebe Schwester Berta, schon viele Jahre kenne ich Dich, doch niemals habe ich Dir geschrieben und im Namen Jesu danke gesagt für Deine Zeugnisse in Wort und Schrift. Deine persönlichen Worte in Schwalmstadt und Butzbach waren mir Hilfe und Wegweisung zu Jesus, dem ich seit zwei Jahren gehöre. Das erste Mal kam es bei mir noch nicht zum Glaubensdurchbruch. Ich war noch zu sehr mit mir, meinen Problemen und der Welt beschäftigt. Aber Deine Zeugnisse und persönlichen Erfahrungen mit Gott und Jesus haben ihre Wirkungen bei mir nicht verfehlt, sondern eine

Frucht gewirkt, die nach Jahren aufging. So darf ich heute mit Dir, liebe Schwester Berta, Gott loben und preisen für seine Liebe und Gnade, die mir in und durch seinen Sohn zuteil wurde. Den Sinn und das Ziel meines Lebens habe ich durch meinen Heiland gefunden. Die Antwort auf alle meine Lebensfragen hat mir Jesus gegeben – das Fragen hat ein Ende ...“

In einer Strafanstalt darf ich Bibelstunde halten. Wie immer breite ich zuerst die Arme aus und rufe in den Saal: „Ich bin eure Mutter, und ihr seid alle meine Jungen.“ – Jesu Liebe darf ich ihnen mütterlich weitergeben, seine Retterliebe und Siegesmacht verkündigen. Ernst und still hören sie der Botschaft zu, auch die Terroristen unter ihnen. Zwischendurch singen wir miteinander Lieder, die ich auf dem Klavier begleite. Einer öffnet sein Herz weit und kann nicht genug hören. Der Heilige Geist macht ihm lebendig, was er schon als Kind von der Großmutter gehört hat, und weckt großen Hunger nach dem Wort. Noch unter dem Eindruck der Botschaft schreibt er mir einen Brief, dankt auch im Namen der Mitgefangenen und freut sich schon auf die nächste Bibelstunde.

Jesus macht Programm im Zirkus

In einem kleinen Städtchen gastiert ein kleiner Zirkus. Der Prediger, in dessen Bezirk ich gerade Dienst tue, fährt mich hin. Im großen, schönen Wagen am Eingang werden wir sehr freundlich empfangen. Ich frage nach der Direktion. „Die bin ich. Ach, jetzt erkenne ich Sie – von Kreuztal und Siegen, wo wir vor langer Zeit mit unseren Wagen standen." Fröhliches Grüßen allerseits. Wir verabreden einen Gottesdienst für alle Zirkusleute.

Carola, die Chefin, bestimmt: „Um 17 Uhr nach der Vorstellung paßt es prima. Da kommen wir alle in die Manege."

Der Prediger und ich fahren heim und sind pünktlich um 17 Uhr wieder zur Stelle. Es werden Stühle in die Manege getragen. Dann nehmen sie Platz. Erwartungsvoll schauen sie uns an. Wir singen: „Gott ist die Liebe ..." Carola erinnert sich und singt fröhlich mit. Wir lernen das ganze Lied.

Nach dem Eingangsgebet hören sie die Botschaft. Wie trockenes Land den Regen, so nehmen sie das Wort auf. Fragen werden gestellt und von der Bibel her beantwortet. Der junge Prediger und ich wechseln uns ab. Unsere Zuhörer lauschen gespannt. Auch nach einer Stunde denkt noch niemand ans Aufbrechen. Sie wollen immer noch von Jesus hören. Es ist großartig. Offenbar hat ihnen noch niemand den Heilsweg so einfach verkündigt. Zuletzt falten wir alle die Hände und beten.

Der Herr möge die Augen und Herzen vieler Gotteskinder auf die Wohnwagen des fahrenden Volkes aufmerksam machen, damit auch Artisten und Schausteller den Heiland suchen und finden!

Auf einem andern Zirkusplatz ist es ungewöhnlich ruhig. Nur entfernt hört man Hämmern und Werken. Das Kassenfräulein nimmt freundlich Evangelien und Traktate an, ebenso der Portier. Ein kleiner Liliputaner-Clown freut sich über Literatur in türkischer Sprache. Einige Dunkelhäutige schütteln die Köpfe. Ihre Sprache verstehe ich nicht. Eine Holländerin will weder zuhören noch etwas annehmen und schickt mich raus. „Ich bin durch die Welt gegangen ...“, klingt es laut vor ihrem Wagen und erreicht ihr Ohr – und auch ihr Herz?

Hocherfreut und dankbar greifen einige Polen nach Gottes Wort. Sie rufen noch andere Landsleute herbei und bedanken sich immer wieder. Wir beten zusammen. – Auch die Italiener danken besonders für Gottes Wort. „Haben Sie noch ein italienisches Neues Testament?“ fragt erwartungsvoll ein junger Mann. Strahlend nimmt er das letzte entgegen und schaut gleich hinein.

Bald sitze ich dem berühmten Clown aus Wien in seinem Wagen gegenüber. Er und auch seine Frau sind sehr erfreut über mein Kommen. Gern hören sie das Lied: „Ich freue mich, ich freu' mich, freu' mich den ganzen Tag..." – „Darf ich das Liedblatt behalten?" fragt der Spaßmacher ernst. Ich bleibe noch eine Weile bei ihnen, dann falten wir miteinander die Hände zum Gebet. Ich notiere ihre Adresse, um mit ihnen in Kontakt zu bleiben.

Am Rande des Zirkusplatzes komme ich mit drei jungen Mädchen ins Gespräch. Liedblätter werden verteilt; doch sie lassen mich das Lied alleine singen: „Gott ist die Liebe." Sie hören zu, sind freundlich. Zuletzt kann ich auch mit ihnen beten.

Neben seinem schönen Wohnwagenanhänger ruht der Reitlehrer. Er unterbricht seine Lektüre und hört aufmerksam zu. Im Elefantenstall nimmt ein junger Franzose mit großer Freude Gottes Wort an. Immer wieder tauchen Franzosen und Polen auf und erbitten Bibeln. Wie gut, daß ich heute so viel Vorrat habe! Eine junge polnische Frau ruft immer wieder: „Danke schön!"

...Die Sache macht sich

Schwester Berta Isselmann am Vorabend ihres 80. Geburtstages im Gespräch mit Schwester Dorothea Hoba, Süd-Ost-Europa-Mission:

Liebe Schwester Berta, wir haben noch im Ohr, was du in den vergangenen Monaten oft gesagt und gesungen hast, nämlich: „Ich bin bald achtzig, die Sache macht sich; und Jesu Liebe macht das Herz so froh." Wir hoffen und wünschen dir, daß die Freude und das Lob Gottes deinen morgigen Festtag und deinen weiteren Lebensweg und Dienst erfüllen mögen. Darf ich dich heute bitten, uns einige Fragen zu beantworten? Wie lange bist du eigentlich schon gläubig?

Seit fünfundvierzig Jahren.

Wenn du zurückschaust auf diese viereinhalb Jahrzehnte oder auf die achtzig Jahre deines Lebens, welches war dein größtes Erlebnis?

Das bedeutsamste Erlebnis hatte ich 1934 während einer Zeltmission. Dort fand ich Jesus Christus als meinen persönlichen Heiland und Herrn.

Fühlst du dich eigentlich jetzt anders als mit sechzig Jahren?

Nein, es bleibt alles beim „Jungen". Ich lebe nicht rückwärts, sondern vorwärts und nicht abwärts, sondern aufwärts.

Was wünschst du dir von Jesus für die Zukunft?

Vor allem, daß ich trotz meines schwindenden Augenlichtes den Herrn allezeit klar sehen kann. Die Verheißung: „Ich werde den König sehen in seiner Schöne" gilt für mich nicht erst in der Ewigkeit, sondern schon jetzt. Mein Wort für jeden neuen Tag soll Psalm 34,9 sein: „Schmeckt und seht, wie freundlich der Herr ist. Wohl dem, der auf Ihn traut!"

Schwester Berta, man sieht dich nur glaubensfroh und getrost. Kennst du eigentlich auch Anfechtungen und hattest du Krisen in deinem Leben?

Natürlich hat jeder Anfechtungen. Die kenne ich auch. Doch übe ich mich darin, alles Ungute umgehend zu vergessen. Sich durchdanken und durchfreuen hilft, die sich anbahnenden inneren Krisen schnell zu überwinden. Daß ich von Geburt an schlechte Augen hatte, wollte mir immer wieder zur Anfechtung werden. Daß ich aber dennoch achtzig Jahre sehen konnte, ist doch einfach das viel größere Geschenk. In letzter Zeit hat mich ein rückfällig gewordener Strafgefangener viele Tränen gekostet. Doch diese Tränen stelle ich unter die Verheißung: „Die mit Tränen säen, werden mit Freuden ernten." Ich warte jetzt auf die Erfüllung. Das Wissen, daß der Vater in meinem Leben nichts falsch macht, hilft mir entscheidend, wenn Anfechtungen kommen, diese zu überwinden. Ich gehöre nicht mir, sondern Ihm. Ich halte durch, weil ich von Ihm gehalten werde. Jede Klage wäre eine Verleugnung Jesu.

Wie wird dein morgiger Festtag verlaufen?

Ich erwarte manche Gäste und bekomme sicher viele Telefonanrufe von Glaubensgeschwistern und Menschen, die mir im Dienst begegnet sind. Deshalb muß ich zu Hause bleiben. Ganz gewiß treffen noch weitere zahlreiche schriftliche Grüße ein. Für den Abend hat sich der Gemeinschaftschor angesagt. Da wollen wir miteinander den Herrn loben.

Von mir aus soll mein achtzigster Geburtstag und mein ganzes ferneres Leben nach dem Vers verlaufen:

Ich will Dich lieben,
ich will Dich loben,
ich will Dir danken allezeit.
Ich will Dich ehren,
ich will Dir dienen,
jetzt und in alle Ewigkeit.

„Hat Jesus den ersten Platz in unseren Herzen?"

So schildert ein Berichterstatter der „Siegener Zeitung" Schwester Berta:

Berta Isselmann in Laasphe-Oberndorf:
Kirche überfüllt – Thema: „Aber" in der Bibel – Botschaft untheologisch und vollmächtig – Mit 83 sprühend vor Leben.

Er habe schon lange davon geträumt, „die Kirche noch einmal so voll zu haben", erklärte Pfarrer Ernst Judt, als er auf die Kanzel seiner Kirche in Laasphe-Oberndorf stieg, um den Abend zu eröffnen. Kein einziger Platz war freigeblieben, und auch alle zusätzlich hereingeholten Stühle waren restlos besetzt. Der Anlaß: Die fast 83jährige Missionsschwester Berta Isselmann aus Kreuztal-Kredenbach im Siegerland war zu Gast. Das volle Haus sprach dafür, daß die evangelikalen Christen auch aus den umliegenden Orten das Ereignis zu würdigen wußten.

Der CVJM-Posaunenchor Oberndorf/Balde und der Jugendkreis der ev. Kirchengemeinde Oberndorf bauten den musikalischen Rahmen der Veranstaltung – und dann stand die kleine Gestalt plötzlich auf der Kirchenkanzel: Die alte Frau mit dem schütteren Haar und den Augen, die viel mehr nach außen leuchten als sie noch nach innen wahrnehmen, der etwas heiseren Stimme – und sie sprach von Anfang bis Ende ohne Konzept, ohne jede geschriebene Gedächtnisstütze, klar, für jedermann verständlich, eindringlich und mitten in die Herzen ihrer Zuhörer hinein.

Das ist die Besonderheit dieser Mitarbeiterin der Mission für Süd-Ost-Europa in Geisweid, die nie im Leben eine Bibelschule oder gar eine theologische Ausbildung absolviert hat; die aber im Glauben den Dienstruf Gottes annahm und sich auf diesem Weg bis heute leiten und gebrauchen läßt: Sie führt die gesamte oftmals zu hoch gestochene akademische Theologie ad absurdum durch eine von Schlichtheit, Treffsicherheit und geistlicher Vollmacht gekennzeichnete Predigt, die zwischen zwei Christus-Worten aufgehängt ist, und zwar „Eure Rede sei: Ja, ja!

Nein, nein! Was darüber ist, das ist vom Bösen" sowie „Wenn ihr nicht... werdet wie die Kinder, so werdet ihr nicht in das Himmelreich kommen".

„Auch so tun, als ob, ist lügen."

In den Mittelpunkt ihrer Betrachtungen stellte Berta Isselmann gestern weniger ihre von eingeweihten Kreisen als überaus spannend geschätzten missionarischen Erlebnisberichte, sondern Gedanken zu dem biblischen Wort: „Aber..." Da gebe es erstens das „Aber" der Menschen, die das liebende Angebot Gottes nicht annehmen. Als Beispiel nannte Schwester Berta das Gleichnis Jesu vom großen Gastmahl, bei dem die Eingeladenen nicht erschienen, sondern sich alle mit einer faulen Ausrede entschuldigen ließen. „Ausreden sind immer ein Herausreden aus der Wahrheit, sind immer Lügen. Auch so tun, als ob, ist lügen." Und dann ging doch zwischendurch die Erzählerin mit ihr durch: „Da kam einer zu mir und sagte: ‚Ich will mir das Leben nehmen'. Ich sagte ihm: ‚Hab' ich auch gemacht. Jesus sagt: Ich bin das Leben! Also geh hin und nimm dir das Leben! Wer Jesus hat, der hat das Leben!'"

Befehl gegen alle fachmännischen Kenntnisse befolgt.

Sodann kenne sie zweitens aus dem Buch des Propheten Jesaja das „barmherzige *Aber* Gottes", wo es heiße: „Wir gingen alle in der Irre wie Schafe, ein jeder wandte sich auf seinen Weg; aber der Herr warf unser aller Schuld auf ihn."

Das dritte „Aber" sei das eines Menschen, der in Gottes Wegen wandeln, aber sein Leben nicht ganz ausliefern wolle. Berta Isselmann: „Jona war Gottes Prophet und bekam den Auftrag, nach Ninive zu gehen – aber er marschierte in die entgegengesetzte Richtung. Halbheit ist Verstärkung des Bösen, schlimmer als ein ‚Gar nicht'. Als Gotteskinder müssen wir doch nicht mehr tun, was wir wollen, sondern wir dürfen tun, was wir sollen."

Viertens zeigt die Bibel das positive „Aber" eines Christen am deutlichsten am Beispiel eines Josua, der gesagt habe: „Ich aber und mein Haus, wir wollen dem Herrn dienen!" Petrus habe völlig entgegen seiner eigenen fachmännischen Kenntnisse von Jesus den Befehl erhalten, bei Tage auf die Mitte des Sees hinauszufahren und die Netze auszuwerfen – und die Glaubensantwort eines Petrus habe gelautet: „Aber auf dein Wort hin will ich das Netz auswerfen."

Auslegung von Berta Isselmann: „Wenn der Herr uns an Orte schickt, die uns unmöglich erscheinen, dann schickt er uns auch die Fische dahin, die wir fangen sollen." Ebenso habe schon der Prophet Micha im Alten Testament erklärt: „Ich aber will auf den Herrn schauen." Schwester Berta: „*Neben* Jesus schauen, ist geschielt, und schielen ist 'ne Krankheit."

Fünftens kenne sie aus der Heiligen Schrift „die

tröstenden Aber des Herrn“, wie im 54. Kapitel des Jesaja-Buches: „Es sollen wohl Berge weichen und Hügel hinfallen, aber meine Gnade wird nicht von dir weichen und der Bund meines Friedens nicht hinfallen, spricht der Herr, dein Erbarmer.“

Sechstens gebe es, speziell an Christen gerichtet, noch das „eifernde Aber Gottes“, so in der Offenbarung des Johannes, wo Jesus sage: „Ich weiß deine Werke und deine Arbeit und deine Geduld… Aber ich habe wider dich, daß du die erste Liebe verlassen hast.“ Auslegung Berta Isselmann: „Die ‚erste Liebe‘ bedeutet, daß Jesus den ersten Platz in meinem Herzen hat. Frage: Hat er in allen Dingen in meinem Leben den Vorrang? – Ich gehe schon 48 Jahre mit Jesus. Jesus enttäuscht nie!“

Spezialisiert auf fahrendes Volk und Strafgefangene.

Nächsten Monat vollendet Berta Isselmann ihr 83. Lebensjahr. Im Siegerland und weit darüber hinaus gibt es nicht wenige Menschen, die ihre „Tante Berta“ seit Jahrzehnten persönlich kennen. Manche von ihnen sagen: „Vor zwanzig Jahren kam sie uns älter vor als heute.“ In der Tat sprüht die alte Missionarin – spezialisiert auf Zigeuner, fahrendes Volk beim Zirkus und auf Strafgefangene – vor Leben und strahlt vor allem bei der Verkündigung des Wortes Gottes eine Freude aus, der sich kein Zuhörer entziehen kann. Und wenn sie als Einleitung ihrer Botschaft eine Christengemeinde mit den Worten anspricht: „Liebe Inhaber der Firma ‚Lob und Dank‘ und solche, die es noch werden wollen“, dann ist das kein Gag, dann meint sie das so.

Berta Isselmann: „Nun kann ich ja schon lange nicht mehr lesen, weil meine Augen es nicht mehr tun. Aber daß ich noch alles so aus dem Gedächtnis predigen kann, das ist ein Geschenk vom Herrn.“

WOZ

Nun hat mir der Herr, mein Gott, Ruhe gegeben

(1. Könige 5,18)

Weil Du mein Heiland bist,
dem nichts unmöglich ist,
ruh' ich in Dir.

Du meine Kraft, mein Licht;
wenn mich der Feind anficht,
ruh' ich in Dir.

Du Überwinder mein,
ich darf glückselig sein –
ruhend in Dir.

Inhalt

Best.-Nr. 13033
Vom Kreuz führt ein Weg nach Haus
2. Auflage. 64 Seiten

Was macht man gegen Liebeskummer? – Adolf Wunderlich löst in seinem Buch auch dieses Problem. Daneben erzählt er von „Bruder Grobschmied", der den bösen Buben nicht auch noch die „linke Wange" für Ohrfeigen darreicht, sondern sich, durch ein anderes Bibelwort inspiriert, beherzt zur Wehr setzt.

Best.-Nr. 13116
Von Gott umgeben
4. Auflage. 96 Seiten

Geborgenheit ist es, was der Mensch in unserer Zeit sucht und braucht. Finden kann er sie nur, wenn er sein Leben bewußt unter die Führung Gottes stellt und den Verheißungen der Bibel glaubt. Es ist ein Anliegen dieses Buches, von dieser Geborgenheit anhand von Beispielen aus dem Leben zu zeugen.

Best.-Nr. 13084
Immer grüne Welle
2. Auflage. 72 Seiten

Schwester Berta läßt sich nicht beirren. Alle Menschen sollen die beste, aktuellste und schönste Nachricht der Welt erfahren: Gott liebt dich; Jesus lebt.
„Überall, wo man einen Herzinfarkt bekommen kann, muß von Jesus geredet werden." Wie Berta Isselmann das praktisch bewerkstelligt, davon spricht dieses Buch.

Brunnen Verlag · Gießen/Basel